みたい！しりたい！しらべたい！
日本の妖怪 すがた図鑑

① 女のすがたをした妖怪

監修 **常光 徹**
序文 **京極夏彦**

ミネルヴァ書房

妖怪のなりたち

京極夏彦

科学ですべて説明できるのか

よく「科学で解明されないことはない」という人がいます。それは正しいかもしれません。でも、何もかもが「科学で解明されている」わけではありません。まだ、科学で解明できていないものごとはたくさんあります。むしろ、わからないことのほうが多いと考えたほうがよいでしょう。

だからといって「科学は信用できない」などと考えるのはまちがいです。科学的な考えかたは正しいものでしょう。ただ、現在の科学はいまのところ万能ではない、というだけのことです。

わからないのにわかったふりをするのは科学的な態度ではありません。正しいものは正しい、まちがっているものはまちがっている、わからないことはわからないとするのが、本当の科学的なありかたです。ですから「現在の科学でわからないことなどない」と断言する人は、非科学的だということになります。

でも、わからないことというのは、しくみが解明されていないというだけで、別に「不思議なこと」ではありません。

江戸時代の画家、鳥山石燕がえがいたやまびこ。いまは声や音が、山や岩かべなどに反射してきこえる現象だとわかっているが、むかしは、「やまびこ」という妖怪の声だと考えられていた。(『画図百鬼夜行　幽谷響』鳥山石燕　1805年　国立国会図書館所蔵)

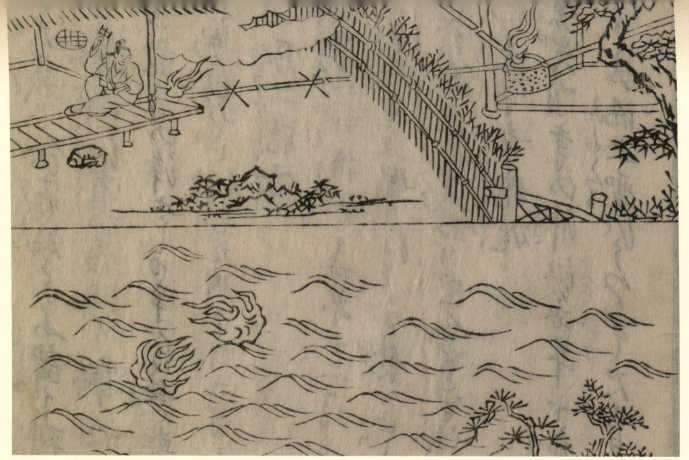

九州地方の八代海や有明海で、海の上に火が見えるような現象は、「不知火」という妖怪のしわざだといわれていた。現在は、しんきろう*の一種だとわかっている。(『諸国里人談　不知火』菊岡沾涼　1743年　国立国会図書館所蔵)

自分の知っている知識で世のなかのすべてのことがわかると考えるからこそ、そこに当てはまらないものごとが「不思議」に思えるというだけです。

ただ、人間はなかなか「わからない」とみとめたがらないという非科学的な性質を持っているようです。「不思議だ」と思ってしまう理由はいくつもあるのでしょうが、大きな理由のひとつとして、「わからないことは不安だ」という点があげられるでしょう。

その不安をなくすため、人間は長い年月をかけていろいろなことを考え、わからないことをわかろうと努力してきました。検証したり実験したりして、いろいろな考えのどれが正しいかを吟味したのです。その努力こそが科学を生んだといえるでしょう。

「不思議」を説明するために

実は、「妖怪」も同じなのです。

身のまわりにわからないことが起きたとき、人は不安になります。自分のことですから、なかなか「わからない」ですませることはできません。そこで体験し

*温度のちがう空気の層を通りぬけるとき、光が曲がることにより、遠くの風景が近くに見えたり、うきあがって見える現象のこと。

妖怪の正体は動物だと考えられることが多かった。江戸時代にえがかれた妖怪の絵には、タヌキやカワウソ、ネコなど多くの動物が登場する。(『画図百鬼夜行　狸』鳥山石燕　1805年　国立国会図書館所蔵)

た人は「不思議だ」と思うことになります。科学が発達した現代でも、わからないことはたくさんあるのですから、むかしはもっともっと不思議に思えることが多かったのです。不思議をなくすために人はいろいろな理屈を考えました。どういうしくみでこうなったのか、いったい、だれがやったのか、あれこれ考えたのです。

たとえば、「タヌキのしわざ」というのもわからないことを説明するひとつの考えかたです。夜、山で聞こえる怪しい声は亡くなった赤ちゃんが泣いているのだという説明も、泳ぎがじょうずな人が突然川でおぼれたのは河童に引き込まれたせいだという説明も、子どもが行方不明になったのは天狗にさらわれたのだという説明も、同じことです。それは「わけのわからないこと」ではなくて、そういう理由で起きたことなんだという、説明なのです。それらは現在では「迷信」といわれることが多いわけですが、そうした迷信も、ただ非科学的な考えかたというわけではなく、科学的に証明されなかった（されていない）考えかただというだけのものなのです。

もちろん、時代がくだって、ほかの理由で説明し直されたものもたくさんあります。

現在、雷を「鬼のような姿の雷神が、太鼓を鳴らしているんだ」と思う人はいないでしょう。雷は科学的に解明され、自然現象として説明し直されたのです。でも、雷さまの姿形や、お話は残っています。あの姿を見て「雷だ」とわかる人はたくさんいるでしょう。しかし、ほかの国ではそうした説明はされていません。太鼓を背負った鬼が「雷」をあらわすのは日本だけです。現象の説明としては採用されなくなりましたが、「文化」としては残ったということになるでしょう。

「妖怪」が生み出された意義

　もうひとつ、科学がどんなに発達しても説明できないものもあります。

　それは人間の「感情」です。こわいとか、悲しいとか、いやだとか、さびしいとかいう「気持ち」は、人それぞれが感じるものですし、何より科学で「わかる」ようなものではありません。災害や事故、病気など、人間にはどうすることもできない不安や恐怖は、どんな時代でも、いたるところにあるのです。そんな大きなものでなくても、たとえば何となくムカつくとか、わけもなく心細いとか、はずかしいとか、てれくさいとか、そうした「みとめたくない現実」は、毎日の暮らしのなかにいくらでもあるでしょう。そうした気持ちの動きも、時に「不思議」を感じさせます。「幼くして死んだ子が姿を変えて山にいるんだ」というようなせつない話から、「おじけづいたのは臆病神にとりつかれたからだ」や「道にまよったの

現在、雷は自然の放電現象だと科学的に説明できるが、むかしは神さまが起こしたものだと信じられていた。

はタヌキのせいだ」などという言いわけまで、人の気持ちの動きは多くの「怪しいものごと」を生み出します。

それは、現実から目をそむけようとする後ろ向きな姿勢ではありません。むしろ、そういう「受けいれたくない現実」を「受けいれよう」とする、ポジティブなありかたと考えたほうがいいでしょう。なぜなら、そうやって誕生したたくさんの「怪しいものごと」は、やはり「文化」としてとらえ直されて、キャラクターとして活躍しはじめることになるからです。

それが、「妖怪」です。「妖怪」は、わからないものごとをわかろうとするありかた、みとめたくない現実を受けいれようとするありかたから生まれたのです。そして長い時間をかけて「文化」のなかで練りあげられ、わからないものごとやみとめたくない現実を「象徴」するキャラクターとして成長したのです。

ですから、「妖怪」は決してにせものの科学やこわがらせるだけのオカルト的なものではありません。非科学や反科学ではなく、科学文明を補完する文化として、キャラクターとなったいまでも、科学で解明できないものごとを不思議だと思ってしまったり、みとめたくない現実に直面しておろおろしてしまう私たちが前向きに生きるために、「妖怪」はしっかりと役に立ってくれているのです。

鳥山石燕は、こわいことがあって首すじがぞっとするのは、「ぶるぶる」という妖怪がとりついたせいだといっている。
（『今昔画図続百鬼　震々』鳥山石燕
1805年　東北大学附属図書館所蔵）

もくじ

妖怪のなりたち ● 京極夏彦 …………… 2

うつくしい妖怪 …………………………… 8
きよひめ／かめひめ／やまひめ／かわじょろう／
いそおんな／はまひめ

およめさんは妖怪女房 …………………… 12
ふたくちおんな／しがまにょうぼう

大きな妖怪 ………………………………… 14
ちょうめんようじょ／おおくび／
ななひろにょうぼう

ばあさま妖怪大集合 ……………………… 16
もめんひきばばあ／やなぎばばあ／
みかりばあさん／ほうそうばばあ／
こんにゃくばばあ／したながうば／
よなきばばあ／おしろいばばあ

あまざけばばあ／くらばばあ／かくればばあ／
うすおいばばあ／かじがかか

ぞっとする妖怪 …………………………… 22
ほねおんな／すきまおんな／かたわぐるま

現代の妖怪 ………………………………… 24
テケテケ／ムラサキババア／よじばば／
100キロババア／ジャンピングババア／
100メートルババア／ケータイババア

コラム 美女のすがたをした有名妖怪 …… 28

図鑑の見方 ………… 7
全巻さくいん ……… 30

図鑑の見方

この本では、女の人のすがたであらわれる妖怪を紹介しています。

【イラスト】
妖怪のすがたを、絵であらわしています。

【妖怪名】
妖怪の名前を、かなと漢字で紹介しています。

【解説】
妖怪のすがた形や、とくちょうを解説しています。

うすおいばばあ [臼負い婆]

出没地 新潟県　別名 なし
危険度 😠 にらむが、わるさはしない

海の底から、うすをせおってうかびあがってきて、あたりをおよぎまわります。にらみつけてくることもありますが、害はありません。

出没地　その妖怪がもくげきされたおもな都道府県を紹介しています。

別名　いくつか名前のある妖怪は、おもな名前を紹介しています。

危険度　下のマークで、その妖怪の危険度を区別しています。

👹 人をおそったり、命をとったりする妖怪。

😠 人をおどろかすていどのわるさしかしない妖怪。

😊 人のためになることをする妖怪。

うつくしい妖怪

うつくしい女のすがたをした妖怪には、おそろしいものがたくさんいます。

きよひめ ［清姫］

出没地 和歌山県　**別名** なし　**危険度** やきころす

きよひめは、おひめさまがヘビに変身してしまった妖怪です。きよひめは、熊野三山（熊野にある三つの神社）へおまいりにいく僧の安珍にひとめぼれしました。安珍は参拝がおわったらあいにくるといいましたが、こっそりかえってしまいました。だまされたことにおこったきよひめは安珍をおいかけ、おそろしい大きなヘビのすがたになります。安珍が道成寺のかねのなかにかくれると、そのかねにまきつき、安珍をやきころしてしまったそうです。

かめひめ ［亀姫］

| 出没地 福島県 | 別名 なし | 危険度 失礼な人間にたたる |

猪苗代城（亀ヶ城ともよばれる福島県の城）の主とされている妖怪です。姫路城（兵庫県）にすむ、おさかべひめのいもうとであるとつたわっています。きちんとあいさつをしないなど、れいぎ正しくない人を、たたりころすこともあります。その正体は、大きなムジナだったといわれています。

やまひめ [山姫]

- 出没地　高知県、大分県 など
- 別　名　山女
- 危険度　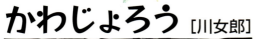血をすう

ふかい山のなかにすんでいる、うつくしい女のすがたをした妖怪です。山のなかでであった人は、生きたまま血をすわれて死んでしまいます。また、であっただけで病気になって死んでしまうこともあるといいます。うつくしい声で歌をうたうこともあります。

かわじょろう [川女郎]

- 出没地　香川県　　別　名　なし
- 危険度　危けんをおしえてくれる

うつくしい女のすがたで、川のほとりにあらわれます。洪水で堤防がこわれそうになると、「家がながれるわ」となきさけぶような声をあげます。「鳥がないた」というと、にげるといいます。

いそおんな [磯女]

- 出没地　長崎県、熊本県 など
- 別名　磯姫、海姫
- 危険度　血をすう

かみの長い絶世の美女で、全身がびっしょりとぬれています。声をかけようとするとするどいさけび声をあげ、かみの毛がのびてきて人にまきつき、血をすいます。夜中に、もやいづなをつたって船にあがってくることもあります。

はまひめ [浜姫]

- 出没地　石川県
- 別名　なし
- 危険度　命をとる

浜べにあらわれる妖怪です。そのすがたはあまりにうつくしくて、気味がわるくなるほどだといいます。はまひめに見られると、人はかげをのみこまれて死んでしまいます。

およめさんは妖怪女房

人間の男のところへ、およめにきた妖怪もいます。

ふたくちおんな [二口女]

- 出没地 **千葉県**
- 別名 **なし**
- 危険度 **とくにわるさはしない**

頭のうしろに大きな口がある妖怪です。おくさんをなくした男にとついだ女が、前のおくさんのうんだ子にごはんをやらず、死なせてしまいました。ある日、まきわりをしていた男のおのが女の頭にあたり、大きなきずができました。その傷は口のようになり、食べものをいれるまでいたんだり、そこから声がきこえたりしたそうです。

しがまにょうぼう ［しがま女房］

- 出没地 青森県など、東北地方
- 別名 氷柱女房
- 危険度 とくにわるさはしない

「しがま」は青森県のことばでつららのこと。しがまにょうぼうは人間の女に化けたつららの妖怪です。つららを見て、こんなうつくしいおよめさんをほしいといった男のところに、美女がおよめさんにしてほしいとたずねてきました。ふたりは夫婦となりますが、女はおふろに入るのをいやがります。むりに入らせると、ちっともでてきません。おふろをのぞくと、女のすがたはなく、お湯にはつららのかけらがういていたそうです。

大きな妖怪

大きなすがたで人間をおどろかす妖怪は、くらい夜道や山道によくあらわれます。

ちょうめんようじょ [長面妖女]

- **出没地** 石川県
- **別名** なし
- **危険度** とくにわるさはしない

顔だけでも1丈（約3メートル）はあるという、大きな女のすがたをした妖怪です。加賀国の大聖寺というところで、男が山道を歩いていると、ちょうちんのあかりがきえてしまいました。ふと前を見るとあかりが見えたので、そちらに歩いていきました。すると、顔の長い大きな女がわらっていたということです。

ななひろにょうぼう [七尋女房]

- 出没地 島根県、鳥取県
- 別名 七尋女
- 危険度 人をこわがらせる

背たけが7ひろ（約12メートル）にもなる大女で、山道にあらわれます。かみをふりみだしたすがたで人をこわがらせていましたが、武士にきられてすさまじい形相の石になってしまいました。

おおくび [大首]

- 出没地 山口県 など
- 別名 なし
- 危険度 とくにわるさはしない

どこからともなくあらわれる、大きな女の首だけの妖怪です。結婚した女性がつける「おはぐろ」（歯を黒くそめること）をしています。人にニタリとわらいかけることはありますが、わるさをすることはないようです。

ばあさま妖怪大集合

おばあさんのすがたをした妖怪はたくさんいます。
人を食べたり病気をもたらすものもいます。

もめんひきばばあ ［木綿ひき婆*］

- 出没地　福岡県 など
- 別　名　なし
- 危険度　😑 にらみつける

しらが頭のおばあさんの妖怪です。風がふくとき大きな木の下で、わたくり車（わたの実から繊維をとりだす道具）をまわす音がすれば、そこにいるといいます。人がそばにいくと、ぎょろりとしたおそろしい目つきでにらんできます。

*「婆」はふつう、「ばば」と読みますが、この本では、「ばばあ」としてあります。

やなぎばばあ ［柳婆］

- 出没地　茨城県
- 別　名　なし
- 危険度　😑 人をまどわす

樹齢が千年以上という古いやなぎの木にやどる、おばあさんのすがたの妖怪です。とおりかかった人に声をかけたり、人間のすがたに化けて人をまどわしたりするそうです。

みかりばあさん ［ミカリ婆さん］

- 出没地 神奈川県、千葉県 など
- 別 名 ミカワリ婆さん、目借り婆
- 危険度 人の目をとる

12月8日や2月8日などにやってきて、箕（竹などをあんだ、こく物の実とからをわける道具）をかりていったり、人の目をとったりする、ひとつ目の妖怪です。ひとつめこぞうといっしょにあらわれることもあります。戸口にあみ目の多いかごやざるをだしておくとさけられます。また、だんごをつくって、おいておくところもあります。

ほうそうばばあ ［疱瘡婆］

- 出没地 宮城県
- 別名 なし
- 危険度 人の死ぬ病気をはやらせる

まっかな顔にしらが頭で、大きさは1丈（約3メートル）ほどもあります。死体を食べたいがために、ほうそう（天然痘という病気の別名）をはやらせて人を死なせます。

こんにゃくばばあ ［蒟蒻婆］

- 出没地 東京都
- 別名 なし
- 危険度 なめてくさらせる

手足がこんにゃくのように自在にのびて、道ゆく人をつかまえます。この妖怪にこんにゃくのような舌でほおをなめられると、その部分はくさってしまうといわれています。

したながうば [舌長姥]

| 出没地 | 長野県、福島県 など | 別名 | なし |

危険度 💥 人を食べる

見かけは人のよさそうなおばあさんで、麻をつむいでいます。一夜の宿をかりた旅人がねいってしまうと、長い舌をもつ妖怪へとかわります。気づかずにねむっていると、食べられて骨になってしまいます。

よなきばばあ [夜泣き婆]

出没地 静岡県
別名 なし
危険度 かなしい人をさらにかなしくさせる

人がなくなるなど、かなしいことがあった家の戸口にきてなきます。すると、そのなき声で家の人もさらにかなしくなり、なみだをながしてしまいます。

おしろいばあ [白粉婆]

- 出没地 石川県、奈良県
- 別名 白粉婆さん
- 危険度 とくにわるさはしない

雪の夜に、大きなかさをかぶり、お酒をかいにいくおばあさんのすがたをした妖怪です。かがみをじゃらじゃらとひきずったすがたで歩くこともあります。

あまざけばばあ [甘酒婆]

- 出没地 青森県、長野県 など
- 別名 なし
- 危険度 おとずれた家に病気をもたらす

冬の夜、戸口をたたき、「あまざけはござらんか」ときいてきます。「ある」「ない」のどちらをこたえても病気になってしまいます。訪問をふせぐには、戸にスギの葉をつるしておくとよいそうです。

くらばばあ [倉婆]

- 出没地 宮崎県
- 別名 納戸婆
- 危険度 とくにわるさはしない

三度がさをかぶり、つえをもったすがたで倉にすみついている妖怪です。とくにわるさをすることはありません。

かくればばあ [隠れ婆]

- 出没地　**兵庫県**
- 別　名　**なし**
- 危険度　💥**子どもをさらう**

せまい路地のすみや、小道のいきどまりなどにひそんでいます。夕方、子どもがかくれんぼをすると、つかまえてさらっていってしまいます。

うすおいばばあ [臼負い婆]

- 出没地　**新潟県**
- 別　名　**なし**
- 危険度　**にらむが、わるさはしない**

海の底から、うすをせおってうかびあがってきて、あたりをおよぎまわります。にらみつけてくることもありますが、害はありません。

かじがかか [鍛冶が嬶]

- 出没地　**高知県**
- 別　名　**鍛冶ヶ嬶、千匹狼**
- 危険度　💥**人をおそう**

みかけはかじ屋（金属製品をつくる人）のおばあさんですが、その正体は白い毛のオオカミです。食いころしたかじ屋のおばあさんになりすましていたのです。

ぞっとする妖怪

見ためがたいへんおそろしく、ひと目でふるえあがるような妖怪もいます。

ほねおんな［骨女］

| 出没地 | 青森県 | 別名 | なし |

危険度 とくにわるさはしない

がいこつすがたの女の妖怪です。生きているときはみにくい女でしたが、骨はうつくしかったため、そのうつくしさを見せびらかすために、まちじゅうを歩きまわります。

すきまおんな［隙間女］

| 出没地 | 東京都 | 別名 | なし |

危険度 とくにわるさはしない

戸ぶくろ（ひき戸をあけたときに戸が収納されるところ）や、かべとたんすのあいだなどのわずかなすきまにひそんでいる妖怪です。

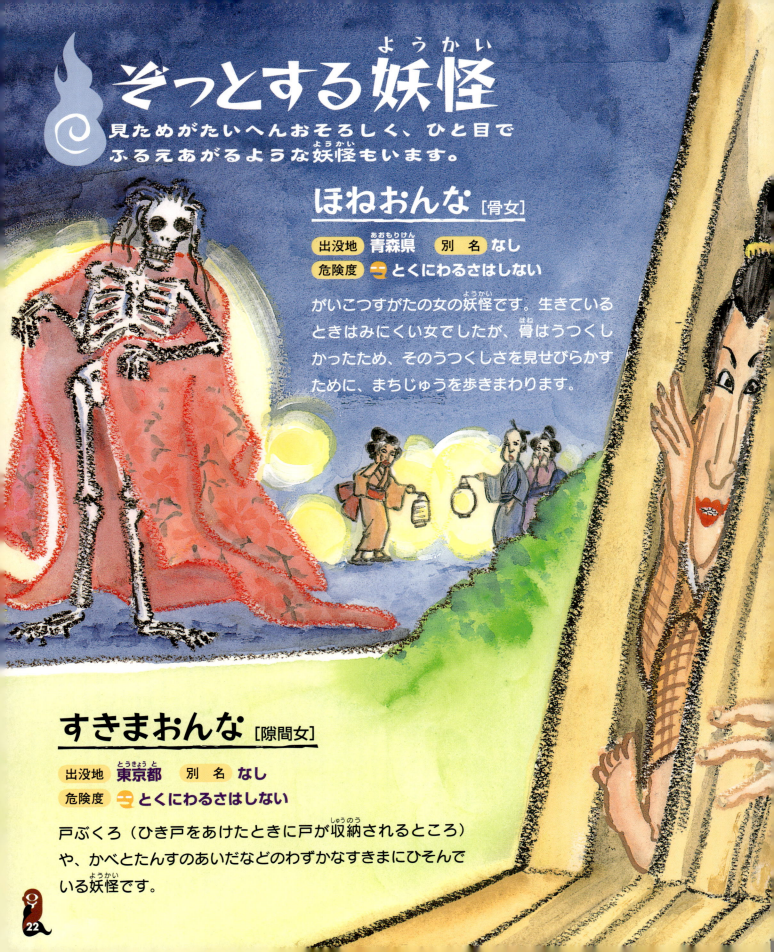

かたわぐるま ［片輪車］

出没地 滋賀県、京都府 など　　別名 片車輪
危険度 👹 のぞきみた者にたたる

車輪がひとつだけの、ほのおにつつまれた車にのった女が、通りをいったりきたりします。見てはいけないとされており、のぞきみた者には、自分の子どもがいなくなってしまうなどのたたりがおこります。しかし、反省すると子どもをかえしてくれるようです。

現代の妖怪

妖怪はいまでもわたしたちのまわりにいます。
新しく登場した妖怪もいるのです。

テケテケ

- 出没地　東京都 など
- 別　名　シャカシャカ、トコトコ など
- 危険度　🚨 ひきさく

「テケテケ」という音をたててうしろからおいかけてくる、上半身だけの妖怪です。ふみきり事故で切断された自分の下半身をさがしている女の霊だともいわれています。学校の校舎のまどで、ひじをついて校庭を見おろしていることもあります。つかまるとテケテケとおなじすがたにされてしまいます。

学校のトイレには怪談が多い？

この本で紹介したムラサキババア、よじばばのほかにも、はなこさんやあかマントなど、学校のトイレにあらわれる妖怪はいくつもいます。また、学校のトイレにまつわる怪談も多くあります。なかでも、「赤い紙、青い紙」や「赤いはんてん」などは、全国の学校でうわさされています。

● 赤い紙、青い紙
トイレに入ると、「赤い紙がいい？　青い紙がい い？」という声がする。赤い紙とこたえるところされて血まみれに、青い紙とこたえると血をぬかれて、まっさおになって死ぬ。

● 赤いはんてん
トイレに入ると「赤いはんてん、着せましょか」と声がするとさわぎになり、女性警官がよばれた。声がきこえたときに「着せてみなさいよ！」と警官がこたえると、便器から手がでてきてナイフで警官の胸をさした。あたりには血が赤いはんてんとなってとびちっていた。

ムラサキババア

- 出没地　東京都
- 別　名　紫ばあさん、ムラサキババ
- 危険度　💥 かなしばりをかける

むらさき色のきものをきて、むらさき色のふろしきづつみをもったおばあさんでトイレにあらわれます。あうとかなしばりにあったり、トイレにひきずりこまれます。むらさき色のものを手に、「むらさき、むらさき……」というとたすかるそうです。

よじばば [四時ばば]

- 出没地　東京都、京都府 など
- 別　名　三時ばば、四次元ばばあ
- 危険度　💥 べつの世界へつれていく

夕方4時ちょうどにトイレに入ると、血だらけのおばあさんがあらわれて、子どもをおいかけまわします。つかまると、なにもない世界へつれていかれます。

100キロババア

出没地	兵庫県、北海道 など
別名	ターボばあちゃん、ジェットばあちゃん
危険度	車を事故にあわせることがある

夜中に車で走っていると、うしろから四つんばいでおいかけてくるおばあさんの妖怪です。時速100キロ以上のスピードをだしてもついてきます。まどをたたいたり、車をおいこして自動車事故をおこしたりします。

100メートルババア

出没地	東京都
別名	なし
危険度	かけっこでまかしたあいてに食いつく

黄色ずくめの服を着たおばあさんが100メートルのかけっこをいどんできます。100メートルババアにまけると食いつかれます。

ジャンピングババア

- 出没地 愛知県
- 別名 なし
- 危険度 車の人をおどろかせて、自動車事故をおこす

ものすごく大きくとびはねる妖怪です。きものを着て、げたをはいたおばあさんが、夜中に走る車をつぎつぎとジャンプしてとびこします。1回のジャンプで4メートルもとぶといいます。

ケータイババア [携帯婆]

- 出没地 東京都
- 別名 なし
- 危険度 かみつくことがある

電車のなかで携帯電話をつかうとあらわれます。耳にあてていた携帯電話が、とつぜん小さいおばあさんに変身し、「迷惑電話するなー！」と警告します。指にかみつくこともあります。

コラム

美女のすがたをした有名妖怪

世界をまたにかけてわるさをした、
有名な妖怪を紹介しましょう。

つぎつぎと美女に化ける妖怪

女のすがたをした妖怪のなかには、おどろくほどうつくしいものが多くいます。なかでも有名なのは、九尾のキツネです。その正体は、長く生きたために妖力をもつようになった、しっぽが九本あるキツネです。九尾のキツネは、日本だけではなく、中国やインドにも伝説がのこっています。

はじめは、殷（中国）の紂王のきさき、妲己に化けました。紂王は、うつくしい妲己のいうことなら、なんでもきいてやりました。妲己をよろこばせるために、毎日にぎやかにお酒をのんだり、ざんこくな処刑をおこなったりしました。王のふるまいを心配して、とめようとする家臣はくびになりました。妲己はこうして、殷の国がほろぶ原因となりました。

つぎに九尾のキツネが化けたのは、天竺（古代のインド）にあったマガダ国の斑足王子のきさき、華陽夫人です。斑足王子も華陽夫人のすすめるままに、多くの人びとをくるしめる政治をおこないました。それから周の時代には中国へもどり、褒姒という美女になって幽王に愛されました。幽王が褒姒の笑顔見たさに、おろかな行為をくりかえしたので、周はほろびました。

九尾のキツネ、日本へ

そして九尾のキツネは、平安時代の日本にやってきます。玉藻前という名前で宮中につかえ、そのうつくしさとやさしさから鳥羽上皇に愛されるようになりま

28

九尾のキツネが化けたといわれる玉藻前。この妖怪の言いつたえを題材とした読みものや、歌舞伎・人形浄瑠璃などの舞台作品が数多くつくられている。
(『今昔画図続百鬼　玉藻前』鳥山石燕　江戸時代　国立国会図書館所蔵)

葛飾北斎がえがいた、九尾のキツネ。
(『三国妖狐伝　第一斑足王ごてんのだん』葛飾北斎　江戸時代　東京国立博物館所蔵　Image:TNM Image Archives)

した。ところが、鳥羽上皇は原因不明の病気になってしまいます。陰陽師の安倍泰成は、上皇の病気が玉藻前によるものだと見やぶり、正体をあばきました。にげだした九尾のキツネでしたが、那須（栃木県）でころされ、大きな石となり

ました。大きな石は毒気をはきだして、まわりのいきものをころしていました。室町時代になって、会津（福島県）の玄翁心昭という僧があらわれ、ようやく九尾のキツネを成仏させることができたといわれています。

全巻さくいん

みかた

```
        あ──行
あおぼうず ……………… ②P13
  妖怪名        巻数 ページ数
① 女のすがたをした妖怪  ② 男のすがたをした妖怪
③ 動物のすがたをした妖怪
```

あ

あおぼうず	②P13
赤い紙、青い紙	①P24
赤いはんてん	①P24
あかシャグマ	②P11
あかでんちゅう	③P12
あかマント	②P25
あとおいこぞう	②P9
あぶらとり	②P23
あまざけばばあ	①P20
あめふりこぞう	②P11
いそおんな	①P11
いっかんこぞう	②P9
うすおいばばあ	①P21
おおぎせる	③P14
おおくび	①P15
おおぼうず	②P15
オキナ	③P27
おさんきつね	③P10
おしろいばばあ	①P20
おとらぎつね	③P11
オハチスエ	②P19
オボ	③P25
陰陽師	①P29
おんもらき	③P22

か

かくればばあ	①P21
かじがかか	①P21
かたわぐるま	①P23
かつらおとこ	②P20
かにぼうず	③P26
かめひめ	①P9
かみむすびねこ	③P17
かやつりたぬき	③P12
華陽夫人（天竺）	①P28
かわじょろう	①P10
がんばりにゅうどう	②P14
きゅうそ	③P24
九尾のキツネ	①P28、29
きよひめ	①P8
金長たぬき	③P29
空海	③P29
くらばばあ	①P20
くろぼうず	②P16
ケータイババア	①P27
こぞうだぬき	③P15
ごろうじん	②P19
こんにゃくばばあ	①P18
こんにゃくぼう	②P14

さ

さとるくん	②P26
しがまにょうぼう	①P13
しきじろう	②P23
したながうば	①P19
しのざききつね	③P11
ジャンピングババア	①P27
しゅのばん	②P22
しろぼうず	②P17
すきまおんな	①P22
そろばんぼうず	②P13

た

たかにゅうどう	②P15
妲己（殷） _{だっき いん}	①P28
玉藻前 _{たまものまえ}	①P28、29
ちいさいおじさん	②P24
ちょうちんとりぎつね	③P8
ちょうめんようじょ	①P14
付喪神 _{つくもがみ}	②P28
つけひもこぞう	②P10
つちぐも	③P27
テケテケ	①P24
てのめ	②P21
天狐 _{てんこ}	③P28
とうふこぞう	②P10

な

ななひろにょうぼう	①P15
にゅうないすずめ	③P21
ぬえ	③P20
ぬまごぜん	③P19
のづち	③P18
のぶすま	③P25
のもり	③P18

は

はくぞうす	③P10
化けネコ _ば	③P16、17
はまひめ	①P11
ひがんぼうず	②P16
ヒザマ	③P22
ひでりがみ	③P24
ひよりぼう	②P12
ふたくちおんな	①P12
フリカムイ	③P23
褒姒（周） _{ほうじ しゅう}	①P28
ぼうずだぬき	③P13
ほうそうばばあ	①P18
ほねおんな	①P22

ま

まくらこぞう	②P11
まめだぬき	③P14
マラソンおじさん	②P27
みかりばあさん	①P17
ムラサキババア	①P25
もめんひきばばあ	①P16
ももんじい	②P18

や

やこ	③P9
やなぎばばあ	①P16
やまじじ	②P19
やまねこ	③P16
やまひめ	①P10
やまわろ	②P8
ヤンボシ	②P21
よじばば	①P25
よなきばばあ	①P19

ら

六右衛門たぬき _{ろくえもん}	③P29

数字

100メートルババア	①P26
100キロババア	①P26
3センチおばけ	②P27

31

■監修

常光　徹（つねみつ　とおる）

1948 年高知県生まれ。國學院大学を卒業後、都内の中学校教員を経て、現在、国立歴史民俗博物館教授。日本民俗学会、日本口承文芸学会会員。著作に『学校の怪談－口承文芸の展開と諸相』『しぐさの民俗学－呪術的世界と心性』（ミネルヴァ書房）、『学校の怪談』シリーズ（講談社）など多数。

■序文（2〜6ページ）

京極　夏彦（きょうごく　なつひこ）

1963 年北海道生まれ。広告代理店勤務などを経て、デザインなどを手がける制作プロダクションを設立。1994 年『姑獲鳥の夏』で小説家デビュー。著書に『魍魎の匣』、『嗤う伊右衛門』、『覘き小平次』、『巷説百物語』、『ルー＝ガルー』シリーズなど多数。世界妖怪協会・世界妖怪会議評議員、関東水木会会員。妖怪について、造詣が深いことで知られる。
公式HP「大極宮」http://www.osawa-office.co.jp/

■絵

中田　由見子（なかだ　ゆみこ）

1955 年山梨県生まれ。少女まんが家としてデビュー後、イラストレーターとして活躍。著作に『マンガ百人一首』『マンガ好色五人女』（ともに平凡社）ほか、挿絵に『レインボー英和辞典』（学習研究社）などがある。

企　画　編　集　　こどもくらぶ
装丁・デザイン　　長江　知子
Ｄ　　Ｔ　　Ｐ　　株式会社エヌ・アンド・エス企画

■参考図書

『改訂綜合日本民俗語彙』編／民俗學研究所　平凡社　1955 年
『日本の民俗　神奈川』著／和田正洲　第一法規出版　1974 年
『日本昔話事典』編／稲田浩二・大島建彦・川端豊彦・福田晃・三原幸久
　弘文堂　1977 年
『民間信仰辞典』編／桜井徳太郎　東京堂出版　1980 年
『日本伝奇伝説大事典』編／乾克己・小池正胤・志村有弘・高橋貢・
　鳥越文蔵　角川書店　1986 年
『別冊太陽　日本のこころ 57　日本の妖怪』平凡社　1987 年
『妖精事典』編著／キャサリン・ブリッグズ　冨山房　1992 年
『日本民俗大辞典　上』編／福田アジオ・新谷尚紀・湯川洋司・神田より子・
　中込睦子・渡邊欣雄　吉川弘文館　1999 年
『日本妖怪大事典』編著／村上健司　角川書店　2005 年
『江戸の怪奇譚－人はこんなにも恐ろしい』著／氏家幹人　2005 年
『妖精学大全』著／井村君江　東京書籍　2008 年
『図解雑学　絵と文章でわかりやすい！　日本の妖怪』編著／小松和彦
　ナツメ社　2009 年
『図説　妖怪画の系譜』編／兵庫県立歴史博物館・京都国際マンガミュージアム　河出書房新社　2009 年
『図解　日本全国おもしろ妖怪列伝』著／山下昌也　講談社　2010 年
『文庫版　妖怪の理　妖怪の檻』著／京極夏彦　角川書店　2011 年

みたい！しりたい！しらべたい！
日本の妖怪すがた図鑑　①女のすがたをした妖怪

2012 年 3 月 20 日　初版第 1 刷発行　　　　　検印廃止

定価はカバーに
表示しています

監　修　者　　常光　　徹
発　行　者　　杉田　啓三
印　刷　者　　金子　眞吾

発行所　株式会社　ミネルヴァ書房
607-8494　京都市山科区日ノ岡堤谷町1
電話 075-581-5191／振替 01020-0-8076

©こどもくらぶ 2012　　印刷・製本　凸版印刷株式会社

ISBN978-4-623-06295-9
NDC388／32P／27cm
Printed in Japan

**いまもむかしも、こわいけど大好き!?
妖怪をあらわれるときのすがた別に大紹介!**

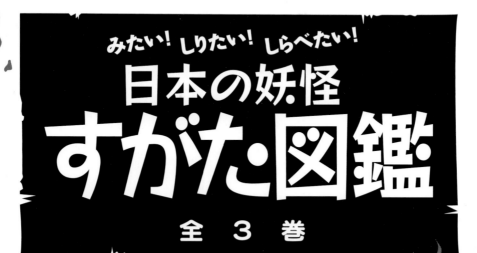

みたい！しりたい！しらべたい！
日本の妖怪 すがた図鑑
全3巻

監修 **常光 徹**　　序文 **京極夏彦**
27cm　32ページ　NDC388
オールカラー　小学校中学年〜高学年向き

- ① 女のすがたをした妖怪
- ② 男のすがたをした妖怪
- ③ 動物のすがたをした妖怪

「日本の妖怪大図鑑」もおもしろいよ！
① 家の妖怪　② 山の妖怪　③ 海の妖怪

『日本の妖怪すがた図鑑』に登場する、全妖怪の危険度早見表

1 女のすがたをした妖怪

人のためになることをする妖怪
かわじょろう

人をおどろかすていどのわるさしかしない妖怪
ふたくちおんな　　おしろいばばあ
しがまにょうぼう　くらばばあ
ちょうめんようじょ　うすおいばばあ
おおくび　　　　ほねおんな
ななひろにょうぼう　すきまおんな
もめんひきばばあ
やなぎばばあ
よなきばばあ

人をおそったり、命をとったりする妖怪
きよひめ　　　　かくればばあ
かめひめ　　　　かじがかか
やまひめ　　　　かたわぐるま
いそおんな　　　テケテケ
はまひめ　　　　ムラサキババア
みかりばあさん　よじばば
ほうそうばばあ　100キロババア
こんにゃくばばあ　ジャンピングババア
したながうば　　100メートルババア
あまざけばばあ　ケータイババア